Dans la même collection

Les quatre amis
Comment Adam nomma les animaux
La Reine et le Roi
Petit Jésus
La lanterne de Diogène
L'île aux étoiles
Le chevalier parfait
Le conte des oiseaux
Ce fou de Don Quichotte
Qui a commencé ?
Le Héron
Noël dans le ciel
Achète-moi
La prière d'Hanna
La nuit de qui ?
Le danseur de vent
Le petit Mozart
Le secret de la fée
Le prince Orphée
Préhistorique
Les douze animaux des quatre vents
Charlie Charlot
Des mots magiques
Jonas ne veut pas
Hatchiko, chien de Tokyo
À la Saint-Nicolas
Profession : pirate !

Direction éditoriale Claude Helft
Maquette Mireille Cohedali
Fabrication Yves Raffner

76 *bis* rue des Saints-Pères 75007 Paris
www.descleedebrouwer.com
ISBN 2-220-054160-0
Loi n° 49956 du 16 juillet 1949
sur les publications destinées à la jeunesse
Imprimé en France par Le Govic
Dépôt légal mars 2004

Catherine de la Clergerie

L'œuf de Pâques

Illustré par Aurélia Fronty

Desclée de Brouwer

On raconte en Finlande que le monde est né comme ça : un œuf s'est brisé, sa coquille est devenue le ciel, le jaune s'est transformé en soleil, le blanc en lune, et les petites taches en étoiles.

Très loin de là, sur une île mystérieuse, l'île de Pâques, on a trouvé sur une pierre le dessin d'un homme à tête d'oiseau. Il tient l'œuf qui contient le monde. La terre va naître comme un poussin.

Les Égyptiens de l'Antiquité ont placé des œufs peints en rouge dans les pyramides à côté des momies. C'était le signe qu'elles allaient renaître dans une nouvelle vie.

En Mésopotamie, il y a six mille ans, on a retrouvé près de la reine Subad, posé sur un trépied en or, un œuf d'autruche incrusté de nacre, de pierres précieuses rouges et de lapis-lazuli.

Au printemps, pour fêter les feuilles et les fleurs nouvelles, il y a presque trois mille ans, les Perses s'offraient des œufs teintés : ils les faisaient bouillir avec des pelures d'oignon, des orties ou du safran pour obtenir de belles coquilles rouges, vertes ou jaunes.

En Ukraine, les œufs peints du printemps s'appellent *pysanki*, « œuf-écrit ». On croyait jadis qu'ils étaient magiques. Dans la maison, ils gardaient toute la famille en bonne santé.
Mis dans la terre, dans un champ, ils protégeaient les récoltes.

Pâque en hébreu signifie « passage ».

Au moment de la Pâque juive, on trempe des œufs dans l'eau salée en souvenir des larmes versées du temps de l'esclavage des Hébreux, sous les pharaons. Joyeusement, on fête la sortie d'Égypte des Hébreux, le passage de la mer Rouge.

Pour les chrétiens, Jésus le Messie est mort et ressuscité au moment de la Pâque.

Le dimanche de Pâques, on célèbre le passage de Jésus de la mort à une vie éternelle. On rappelle en se réjouissant que pour les croyants, chacun a la vie éternelle.

En attendant Pâques, les chrétiens qui observent le Carême patientent : pendant quarante jours, ils ne mangent ni viande ni œuf. Au Moyen Âge, les paysans faisaient cuire leurs œufs de poule pour qu'ils ne s'abîment pas en attendant Pâques.

Les enfants apportaient ces œufs durs dans de grands paniers à l'église pour les bénir. Le dimanche de Pâques, chacun toquait un œuf avec son voisin pour briser la coquille. Fini, le Carême, rompu, le jeûne ! Mangeons l'œuf et joyeuses Pâques !

Au XVIIIe siècle, c'est la folie du cacao qu'on rapporte d'Amérique du Sud.

Des pâtissiers coulent dans des moules les premiers œufs de Pâques en chocolat. Seuls les riches du royaume peuvent s'en offrir.

Plus cher encore, l'œuf de Pâques à surprise fabriqué par Fabergé, un joaillier français, pour le tsar de Russie : à l'intérieur de la coquille en or, il y a un carrosse miniature qui roule vraiment !

Le grand peintre Watteau décore deux coquilles d'œuf pour Victoire, la fille du roi Louis XV.

En Europe, en Amérique, les enfants décorent toutes sortes d'œufs en attendant Pâques : de vrais œufs de poule, des œufs en bois ou en porcelaine. Ils peignent à la gouache des lapins, des fleurs, des trèfles, des lignes.
On peut en faire collection :
une coquille vide bien préparée se conserve éternellement.

Mais souvent, on préfère les manger : en Corse, en Sicile, des œufs colorés sont cachés dans une couronne briochée, pour le dessert de Pâques.

Trois jours avant Pâques, les cloches ne sonnent plus. Depuis le Moyen Âge, on raconte qu'elles s'envolent pour aller voir le pape à Rome.

Le dimanche matin, elles reviennent en semant à toute volée des œufs en sucre et en chocolat pour les enfants.

Ding, dong ! Quelle bonne surprise !

Certains disent que c'est le lièvre de Pâques qui cache les œufs dans les jardins. Ils ont des rubans et des papiers brillants. Et ils sont bien meilleurs quand on les mange en partageant !